© Grzegorz Wawoczny, Racibórz 2004

Wydawca pragnie podziękować za pomoc w przygotowaniu publikacji następującym osobom: Martinie Chrobok, Alfredowi Drobnemu, Annie Jarosch, Annie Kaszy, Franciszkowi Korczokowi, Marii Kostrzewie, Cecylii Kwaśnicy, Jerzemu Latoniowi, Stefanowi Maślance, Pawłowi Newerli, Alfredowi Otlikowi, ks. Józefowi Przywarze, Patrycji Tkocz oraz Gerhardowi Torz.

Der Herausgeber möchte sich bei folgenden Personen für die Hilfe bei der Vorbereitung der Veröffentlichung bedanken: Martina Chrobok, Alfred Drobny, Anna Jarosch, Anna Kasza, Franciszek Korczok, Maria Kostrzewa, Cecylia Kwaśnica, Jerzy Latoń, Stefan Maślanka, Paweł Newerla, Alfred Otlik, Priester Józef Przywara, Patrycja Tkocz und Gerhard Torz.

Tłumaczenia/Übersetzungen: Patrycja Tkocz
Wydawca/Verleger: Wydawnictwo i Agencja Informacyjna WAW Grzegorz Wawoczny, 47-400 Racibórz, ul. Staszica 23/13, tel. (032) 755 15 06, kom. 605 685 485, e-mail:ziemia.raciborska@wp.pl
Realizacja wydawnicza i druk/Gesamtherstellung und Druck: Baterex s.j., Racibórz

Printed in Poland

ISBN 83-917453-9-2

Dawny powiat raciborski

Der alte Ratiborer Kreis

Suplement • Supplement

WSTĘP

Jarmark

To te domy, te ulice?
Ach, gdzie jestem, nie wiem sam!
Tu kochankę zostawiłem,
Rok za rokiem bystro gnał.[1]

Pierwsze cztery wersy wiersza „Jarmark" Josepha von Eichendorffa, sławnego syna ziemi raciborskiej, znakomicie oddają klimat albumów ze starymi pocztówkami. Czyż bowiem dzięki nim nie odbywamy podróży w czasie do powiatu raciborskiego sprzed kilkudziesięciu, a nieraz i stu lat. Do powiatu, który tak mocno zmienił się przez upływ czasu.

Pocztówka to przecież tylko zatrzymany w kadrze obraz fragmentu jakiejś miejscowości. Obraz wielokrotnie powielony na maszynie drukarskiej. Rozsyłany potem po całym świecie, jak miliony mu podobnych, przedstawiających inne regiony globu. W momencie, kiedy został stworzony jakże naturalny, bezemocjonalny.

A dziś? Stara pocztówka stała się relikwią dla kolekcjonerów. To dzięki niej nasza wyobraźnia przenosi się w przeszłość. Świat zatrzymany w kadrze bezimiennego fotografa stał się bezcennym, małym dziełem sztuki, a jednocześnie wielkiej rangi dokumentem.

„Dawny Racibórz. Das alte Ratibor", „Dawne Rudy. Das alte Rauden", „Dawny powiat raciborski. Der alte Ratiborer Kreis", wreszcie „Racibórz nieznany. Das unbekannte Ratibor" – to tytuły czterech albumów z reprodukcjami pocztówek przedstawiających

Pomnik Eichendorffa przy dawnym starostwie, zdjęcie do pocztówki wykonano tuż po odsłonięciu postumentu we wrześniu 1909 r., wysłana w grudniu 1909 r., wydawca Bruno Scholz, Breslau • Eichendorffs Denkmal bei dem alten Landrat, ein Foto für die Ansichtskarte, das gleich nach der Enthüllung des Postaments im September 1909 aufgenommen wurde, eine im Dezember 1909 abgeschickte Ansichtskarte, Verleger Bruno Scholz Breslau

oblicze dawnej ziemi raciborskiej. Wszystkie spotkały się z ciepłym przyjęciem czytelników. Stara pocztówka z rodzinnych stron stała się dla nich tak samo ważna, jak rodzinna fotografia czy inna pamiątka.

„Dawny powiat raciborski. Der alte Ratiborer Kreis. Suplement – Supplement" zamyka cykl. Publikacja stanowi uzupełnienie

---

[1] Za Andrzej Lam „Joseph von Eichendorff. Poezje. Gedichte. Z życia nicponia", Warszawa - Opole 1997, s. 51. – Nach Andrzej Lam „Joseph von Eichendorff - Gedichte. Aus dem Leben des Taugenichts", Warszawa - Opole 1997, S. 51

wszystkich dotychczasowych. Prezentuje to, co udało się jeszcze wydobyć z głębi szuflad czy zdobyć kolekcjonerom. Jest tu wiele unikalnych pocztówek, nieraz zachowanych tylko w jednym egzemplarzu. Tworzy to kolejny ważki dokument archiwalny prezentujący powiat raciborski sprzed II wojny światowej. Mam nadzieję, że zostanie przyjęty z dużym zainteresowaniem.

Na koniec znów oddajmy głos Josephowi von Eichendorffowi. W wierszu pod tytułem „Minęło" ten wybitny poeta doby romantyzmu pisze:

> *Ale to nie jest tamto drzewo,*
> *Co rosło tutaj dawniej,*
> *Gdym siedział na nim w morzu kwiecia*
> *Nad rozjaśnionym krajem.*
>
> *Ale to nie jest tamten las,*
> *Co kiedyś szumiał z góry,*
> *Gdym od kochanki nocą gnał*
> *Pod piosnki nowej wtóry.*
>
> *Ale to nie dolina ta,*
> *Gdzie pasły się sarenki,*
> *I w którą po tysiączny raz*
> *Wzrok słaliśmy nasz tęskny. –*
>
> *To jest to drzewo, łąka, las,*
> *Bo świat pozostał młody,*
> *Przybyło tylko tobie lat,*
> *I minął czas swobody.*[2]

W podpisach polskich, obok informacji na temat obiegu i wydawcy, umieszczono tłumaczenie z niemieckiego opisów użytych przez wydawców na awersach pocztówek. W podpisach niemieckich opisów tych nie powtarzano.

Grzegorz Wawoczny, na Wielkanoc 2004 r.

---

[2] Tamże s. 123 – a.a.O. S. 123

VORWORT

Jahrmarkt

Sinds die Häuser, sinds die Gassen?
Ach, ich weiß nicht wo ich bin!
Hab ein Liebchen hier gelassen,
Und manch Jahr ging seitdem hin.

Die ersten vier Verse des Gedichtes „Jahrmarkt" von Joseph von Eichendorff, des berühmten Sohnes des Ratiborer Landes, geben ausgezeichnet das Klima der Alben mit alten Ansichtskarten wieder. Verdanken wir ihnen nicht eine Reise ins Ratiborer Land, zurück in die Zeit vor vielen, vielleicht sogar vor über hundert Jahren? In das Land, dass sich im Laufe der Jahre so sehr veränderte.

Eine Ansichtskarte ist ein im Bild festgehaltener Teil einer Ortschaft. Ein mehrfach in einer Druckmaschiene vervielfältigtes Bild, das später in die ganze Welt verschickt wird, wie Millionen ihm ähnliche, die andere

(*Illustrierte Geschichte der Deutschen Literatur von ältesten Zeiten bis zur Gegenwart von Professor Dr. Anselm Salzer*, B. III, München)

RACIBÓRZ – RATIBOR

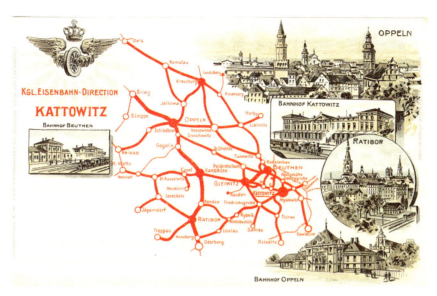

Najważniejsze stacje katowickiej dyrekcji Kolei Królewskich: Racibórz, Katowice, Opole, Bytom, pocztówka bez obiegu, wydawca Kunstverlag von Hugo Moser, Stuttgart • Die wichtigsten Bahnhöfe der Königlichen Eisenbahn-Direktion Kattowitz: Ratibor, Kattowitz, Oppeln, Beuthen, eine Ansichtskarte nicht versandt, Verleger: Kunstverlag von Hugo Moser, Stuttgart

Racibórz ul. Dworcowa, obecnie Mickiewicza, pocztówka wysłana w 1915 roku, brak wydawcy, na rewersie stempel „Kgl. Reserve-Lazarett, Taubst. Anstalt II Ratibor" • Ratibor, Bahnhofstr., heute Mickiewicza- Str., eine 1915 abgeschickte Ansichtskarte, Verleger ist unbekannt, auf der Rückseite ein Stempel „Kgl. Reserve-Lazarett, Taubst. Anstalt II Ratibor"

Regionen der Erde darstellen. Im Moment, in dem es geschaffen wurde, war es natürlich und emotionslos.

Und heute? Die alte Ansichtskarte wurde zu einer Reliquie für die Sammler. Dank ihr versetzt sich unsere Einbildungskraft in die Vergangenheit. Die Welt, die in der Aufnahme eines namenlosen Photographen festgehalten wurde, ist ein geschätztes kleines Kunstwerk wie auch ein achtbares Dokument geworden.

„Dawny Racibórz. Das alte Ratibor", „Dawne Rudy. Das alte Rauden", „Dawny powiat raciborski. Der alte Ratiborer Kreis", und „Racibórz nieznany. Das unbekannte Ratibor" – das sind Titel von vier Alben mit Reproduktionen der Ansichtskarten, die das Angesicht des damaligen Ratiborer Landes darstellen. Alle Alben sind von den Lesern warm empfangen worden. Die alte Ansichtskarte aus der Heimat wurde für sie ebenso wichtig wie das Familienfoto oder ein anderes Andenken.

„Dawny powiat raciborski. Der alte Ratiborer Kreis. Suplement – Supplement" beendet den Zyklus. Diese Veröffentlichung bildet die Ergänzung für alle bisherigen. Sie stellt das dar, was man noch aus der Tiefe der Schubladen herausnehmen konnte oder was die Sammler selber fanden. Hier gibt es viele einmalige Ansichtskarten, die oftmals nur in einem Exemplar bestehen. Das Album ist ein bedeutendes Dokument, das den Ratiborer Kreis aus der Zeit vor dem II Weltkrieg darstellt. Ich hoffe, das es mit großem Interesse angenommen wird.

Zum Schluss wiederholen wir die Worte Joseph von Eichendorffs wieder. Im Gedicht unter dem Titel „Vorbei" schreibt der hervorragende, romantische Dichter folgendes:

Das ist der alte Baum nicht mehr,
Der damals hier gestanden,
Auf dem ich gesessen im Blütenmeer
Über den sonnigen Landen.

Das ist der Wald nicht mehr, der sacht
Vom Berge rauschte nieder,
Wenn ich vom Liebchen ritt bei Nacht,
Das Herz voll neuer Lieder.

Das ist nicht mehr das tiefe Tal
Mit den grasenden Rehen,
In das wir nachts viel tausendmal
Zusammen hinausgesehen. –

Es ist der Baum noch, Tal und Wald,
Die Welt ist jung geblieben,
Du aber wurdest seitdem alt,
Vorbei ist das schöne Lieben.

In den polnischen Unterschriften neben der Informationen zum Thema des Umlaufs und des Verlegers wurden die Übersetzungen der Beschreibungen aus dem Deutschen angebracht, die von dem Verleger auf den Vorderseiten angewendet wurden. In den deutschen Bildunterschriften wurden die Beschriftungen der Postkarten nicht wiederholt.

Grzegorz Wawoczny, Ostern 2004

Piękna pocztówka reklamująca Racibórz jako miasto, gdzie leje się świetne piwo, bez obiegu, wydawca Bruno Scholz, Breslau • Eine schöne Ansichtskarte, die für Ratibor als Stadt wirbt, in der man ausgezeichnetes Bier zapft, nicht versandt, Verleger: Bruno Scholz Breslau

Racibórz Rynek, pocztówka wysłana w 1918 r., wydawca Bruno Scholz, Breslau • Ratibor Ring, eine 1918 abgeschickte Ansichtskarte, Verleger: Bruno Scholz, Breslau

Racibórz Rynek, pocztówka wysłana w 1906 r., wydawca Dr. Trenkler Co. Leipzig (1904) • Ratibor, eine 1906 abgeschickte Ansichtskarte, Verleger: Dr. Trenkler Co. Leipzig (1904)

Racibórz poczta, pocztówka wysłana w 1921 r., wydawca E. Simmich, Inh, K. Müller, Buchhandlung, Ratibor • Ratibor Postamt, eine 1921 abgeschickte Ansichtskarte, Verleger: E. Simmich, Inh, K. Müller, Buchhandlung, Ratibor

Racibórz - ulica Odrzańska, pocztówka wysłana w 1915 r., brak wydawcy • Ratibor Oderstraße, eine 1915 abgeschickte Ansichtskarte, Verleger ist unbekannt

Racibórz - statek na Odrze przy moście zamkowym, pocztówka wysłana w 1909 r., wydawca Ottmar Zieher, München • Ratibor - Oderschiff vor der Schlossbrücke, eine 1909 abgeschickte Ansichtskarte, Verleger: Ottmar Zieher, München

Racibórz - most na Odrze, pocztówka wysłana w 1909 r., wydawca Bruno Scholz, Breslau • Ratibor Oderbrücke, eine 1909 abgeschickte Ansichtskarte, Verleger: Bruno Scholz, Breslau

Racibórz - widok na sąd i ulicę Nową, pocztówka bez obiegu, wydawca Bruno Scholz, Breslau
• Ratibor - Blick auf das Amtsgericht und die Neuestr., Ansichtskarte nicht versandt, Verleger: Bruno Scholz Breslau

Stary kościół na Starej Wsi, Ostrogu oraz pątniczy kościół Matki Bożej, pocztówka wysłana w 1899 r. do USA, wydawca E. Simmich, Buchhandlung, Ratibor • Ratibor, eine 1899 abgeschickte Ansichtskarte, Verleger: E. Simmich, Buchhandlung, Ratibor

Sudół - ulica i kościół, pocztówka bez obiegu, wydawca Carl Wolff, Breslau • Sudoll/Trachkirch - Dorfstr. und Kirche, eine Postkarte nicht versandt, Verleger: Carl Wolff, Breslau

Sudół - stary kościół parafialny i fara, pocztówka bez obiegu, wydawca Kunstanstalt Germania, Görlitz • Sudoll, Ansichtskarte nicht versandt, Verleger: Kunstanstalt Germania, Görlitz

Markowice - widok na kościół, pocztówka bez obiegu, wydawca Alfr. Schiersch, Photogr., Ratibor • Markowitz/Markdorf Kirche, eine Ansichtskarte nicht versandt, Verleger: Alfr. Schiersch, Photogr., Ratibor

Studzienna, pocztówka bez obiegu, wydawca Alfred Kalke, Beuthen O.S. • Studzienna, eine Ansichtskarte nicht versandt, Verleger: Alfred Kalke, Beuthen O.S.

Racibórz Lukasyna, pocztówka wysłana w 1899 r., wydawca Adolf Rölle, Leobschütz • Lukasine, eine 1899 abgeschickte Ansichtskarte, Verleger: Adolf Rölle, Leobschütz

KUŹNIA RACIBORSKA – RATIBORHAMMER

Kuźnia Raciborska, pocztówka wysłana w 1904 r., wydawca nieznany • Ratiborhammer, eine 1904 abgeschickte Ansichtskarte, Verleger ist unbekannt

Kuźnia Raciborska, pocztówka wysłana w 1907 r., wydawca J. Lukowski, Beuthen O.S. • Ratiborhammer, eine 1907 abgeschickte Ansichtskarte, Verleger: J. Lukowski, Beuthen O.S.

Rudy - cudowny obraz Matki Boskiej Rudzkiej oraz widok opactwa z XVII w., autorem przedstawienia jest Johann Elias Ridinger, oryginał dzieła znajduje się w pątniczym kościele Św. Krzyża w Pietrowicach Wielkich, pocztówka wysłana w 1907 r., wydawca Carl Matzek, Rauden • Rauden - Bild der wundertätigen Muttergottes von Rauden und Ansicht der Abtei aus dem 17. Jahrhundert, Autor des Werkes ist Johann Elias Ridinger, das Original des Werkes befindet sich in der Kreuzkirche in Groß-Peterwitz, eine 1907 abgeschickte Ansichtskarte, Verleger: Carl Matzek, Rauden

Rudy - droga do Kuźni Raciborskiej, pocztówka wysłana w 1904 r., wydawca Carl Matzek, Rauden • Rauden - der Weg nach Ratiborhammer, eine 1904 abgeschickte Ansichtskarte, Verleger: Carl Matzek, Rauden

Rudy - unikalna pocztówka przedstawiająca dworzec kolejki wąskotorowej, leśniczówkę oraz pocztę, bez obiegu, wydana prawdopodobnie około 1920 r., wydawca R. Schönwolff, Gleiwitz • Rauden, eine einzigartige Ansichtskarte, die den Bahnhof der Kleinbahn, das Forsthaus und das Postamt darstellt, nicht versandt, wahrscheinlich gegen 1920 herausgegeben, Verleger: R. Schönwolff, Gleiwitz

Rudy - pałac książęcy, pocztówka wysłana w 1913 r., wydawca Ludwig Chrobog, Rauden
• Rauden, Schloss, eine 1913 abgeschickte Ansichtskarte, Verleger: Ludwig Chrobog, Rauden

Rudy - klatka schodowa pałacu, pocztówka bez obiegu, wydawca Ludwig Chrobog, Rauden
• Rauden, Schloss - Treppenhaus, eine Postkarte nicht versandt, Verleger: Ludwig Chrobog, Rauden

Rudy - górny holl pałacu, pocztówka bez obiegu, wydawca Ludwig Chrobog, Rauden • Rauden, Schloss - Obere Treppenhalle, Ansichtskarte nicht versandt, Verleger: Ludwig Chrobog, Rauden

Rudy - sala jadalna, pocztówka bez obiegu, wydawca Ludwig Chrobog, Rauden • Rauden, Schloss - Speisesaal, eine Ansichtskarte nicht versandt, Verleger: Ludwig Chrobog, Rauden

Rudy - dawne krużganki klasztoru, tu jako holl pałacu przy tak zwanym pokoju cesarskim, pocztówka wysłana w 1913 r., wydawca Ludwig Chrobog, Rauden • Rauden - ehemaliger Kreuzgang des Klosters, hier als Vorhalle am sogenannten Kaiserzimmer, eine 1913 abgeschickte Ansichtskarte, Verleger: Ludwig Chrobog, Rauden

Rudy - tak zwany wielki pokój w pałacu, widoczny na pierwszym planie wypchany niedźwiedź to w rzeczywistości ostatni przedstawiciel tego gatunku upolowany w lasach rudzkich • Rauden - sogenanntes großes Zimmer im Schloss, im Vordergrund ein ausgestopfter Bär; es war der letzte Vertreter dieser Gattung, der in den Raudener Wäldern zur Strecke gebracht wurde

Rudy - prywatny gabinet księcia raciborskiego, pocztówka bez obiegu, wydawca Ludwig Chrobog, Rauden • Rauden, Schloss - Schreibzimmer S.D. des Herzog, eine Postkarte nicht versandt, Verleger: Ludwig Chrobog, Rauden

Rudy - wschodnia pierzeja pałacu, dawny pałac opacki, pocztówka bez obiegu, wydawca Ludwig Chrobog, Rauden • Rauden - östliche Front des Schlosses, ehemaliges Schloss des Abtes, eine Ansichtskarte nicht versandt, Verleger: Ludwig Chrobog, Rauden

Rudy - park przyłapacowy, pocztówka wysłana w 1904 r., wydawca Neumanns Stadtbuchdruckerei, Gleiwitz • Rauden - Schlosspark, eine 1904 abgeschickte Ansichtskarte, Verleger: Neumanns Stadtbuchdruckerei, Gleiwitz

Rudy - widok z parku na pałac, pocztówka wysłana w 1912 r., wydawca Tachochrom • Rauden - Blick auf das Herzogliche Schloss, eine 1912 abgeschickte Ansichtskarte, Verleger: Tachochrom

Rauden — *Blick auf das Herzogliche Schloß*

Rudy - widok z parku na pałac, pocztówka bez obiegu, wydawca Neumann, Gleiwitz • Rauden - Blick auf dasHerzogliche Schloss, eine Postkarte nicht versandt, Verleger: Neumann, Gleiwitz

Rauden — *Partie aus dem Parke*

Rudy - park przyłapacowy, pocztówka bez obiegu, wydawca Neumann, Gleiwitz • Rauden - Schlosspark, eine Ansichtskarte nicht versandt, Verleger: Neumann, Gleiwitz

Rudy - park przypałacowy, pocztówka wysłana 1909 r., wydawca Neumann, Gleiwitz • Rauden - Schlosspark, eine 1909 abgeschickte Ansichtskarte, Verleger: Neumann, Gleiwitz

Rudy - park przypałacowy, pocztówka bez obiegu, wydawca Neumann, Gleiwitz • Rauden - Schlosspark, Ansichtskarte nicht versandt, Verleger: Neumann, Gleiwitz

Rudy - wschodnia pierzeja pałacu, pocztówka wysłana w 1919 r., wydawca Tachochrom • Rauden - Ostseite des Schlosses, eine 1919 abgeschickte Ansichtskarte, Verleger: Tachochrom

Rudy - wschodnia pierzeja pałacu, pocztówka wysłana w 1910 r., wydawca Tachochrom • Rauden - Ostseite des Schlosses, eine 1910 abgeschickte Ansichtskarte, Verleger: Tachochrom

Rudy - wschodnia pierzeja pałacu, pocztówka wysłana w 1905 r., wydawca Carl Matzek, Rauden
• Rauden - östliche Straßenfront des Schlosses, eine 1905 abgeschickte Ansichtskarte, Verleger: Carl Matzek, Rauden

Rudy - północna pierzeja pałacu, dawny pałac opacki, pocztówka bez obiegu, wydawca Ludwig Chrobog • Rauden - Nordseite des Schlosses, ehemaliges Schloss des Abtes, eine Postkarte nicht versandt, Verleger: Ludwig Chrobog

Rudy - północna pierzeja pałacu, pocztówka wysłana w 1915 r., wydawca Ottmar Zieher, München/ C. Matzek, Rauden • Rauden - Nordseite des Schlosses, eine 1915 abgeschickte Ansichtskarte, Verleger: Ottmar Zieher, München/C. Matzek, Rauden

Rudy - droga do uroczyska Buk, pocztówka bez obiegu, wydawca Neumanns Stadtbuchdruckerei, Gleiwitz • Rauden, Ansichtskarte nicht versandt, Verleger: Neumanns Stadtbuchdruckerei, Gleiwitz

Rudy - staw leśny w Buku, pocztówka bez obiegu, wydawca Tachochrom • Rauden - Waldteich Buk, eine Ansichtskarte nicht versandt, Verleger: Tachochrom

Rudy - staw leśny w Buku, pocztówka bez obiegu, wydawca Walter Lahsotta, Gleiwitz • Rauden - Waldteich Buk, eine Postkarte nicht versandt, Verleger: Walter Lahsotta, Gleiwitz

Rudy - rybaczówka w uroczysku Buk, pocztówka z obiegu, data nieczytelna, wydawca Ludwig Chrobog • Rauden - Fischerhaus im Waldpark Buk, eine Postkarte nicht versandt, unleserliches Datum, Verleger: Ludwig Chrobog

Rudy - park przypałacowy, pocztówka wysłana w 1900 r., wydawca Verlag des Oberschlesischen Wanderers, Gleiwitz • Rauden - Schlosspark, eine 1900 abgeschickte Ansichtskarte, Verlag des Oberschlesischen Wanderers, Gleiwitz

Rudy - staw szwajcarski w parku pałacowym, pocztówka wysłana w 1908 r., wydawca Carl Matzek, Rauden • Rauden, eine 1908 abgeschickte Ansichtskarte, Verleger: Carl Matzek, Rauden

Rudy - rybaczówka w Buku, pocztówka bez obiegu, wydawca Neumanns Stadtbuchdruckerei, Gleiwitz • Rauden - Fischerhaus im Waldpark Buk, eine Ansichtskarte nicht versandt, Verleger: Neumanns Stadtbuchdruckerei, Gleiwitz

Rudy - północna pierzeja pałacu, pocztówka wysłana w 1923 r., wydawca Tachochrom • Rauden - Nordseite des Schlosses, eine 1923 abgeschickte Ansichtskarte, Verleger: Tachochrom

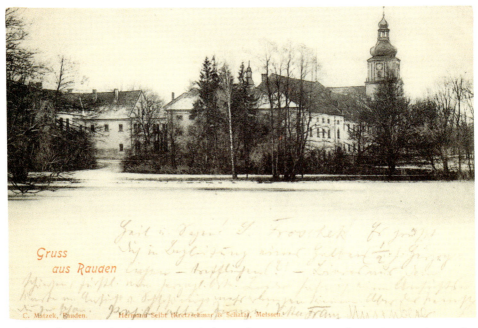

Rudy - pałac w szacie zimowej, pocztówka wysłana w 1899 r., wydawca C. Matzek, Rauden • Rauden - der Schloss im Wintergewand, eine 1899 abgeschickte Ansichtskarte, Verleger: C. Matzek, Rauden

Rudy - pałac, pocztówka wysłana w 1910 r., wydawca Ludwig Chrobog, Rauden • Rauden - Schloss, eine 1910 abgeschickte Ansichtskarte, Verleger: Ludwig Chrobog, Rauden

Rudy - zachodnia pierzeja pałacu, pocztówka bez obiegu, wydawca Ludwig Chrobog, Rauden • Rauden - Westflügel des Schlosses, eine Postkarte nicht versandt, Verleger: Ludwig Chrobog, Rauden

Rudy - pałac i pocysterski kościół Wniebowzięcia Najświętszej Marii Panny, pocztówka bez obiegu, wydawca Kaiser-Drogerie Photo-Abtl., Gleiwitz • Rauden - Schloss und ehemalige Klosterkirche zu Mariä Himmelfahrt, eine Ansichtskarte nicht versandt, Verleger: Kaiser-Drogerie Photo-Abtl., Gleiwitz

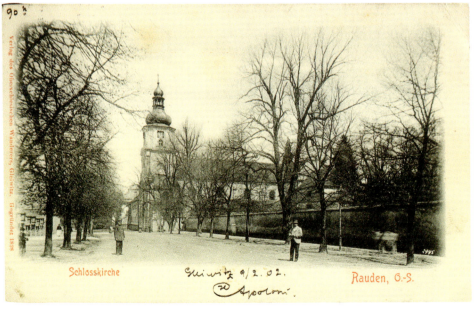

Rudy - droga wiodąca do kościoła i pałacu, dziś Cysterska, pocztówka wysłana w 1902 r., wydawca Verlag des Oberschlesischen Wanderers, Gleiwitz • Rauden - Straße zur Kirche und zum Schloss, heute Zisterzienser-Straße genannt, eine 1902 abgeschickte Ansichtskarte, Verleger: Verlag des Oberschlesischen Wanderers, Gleiwitz

Rudy - kościół i Langenburger Hof (dziś już nie istnieje), pocztówka z obiegu, data nieczytelna, wydawca Fritz Faupelm Ratibor • Rauden - die Kirche und der „Langenburger" Hof (besteht nicht), eine Ansichtskarte aus dem Umlauf, unleserliches Datum, Verleger: Fritz Faupelm Ratibor

Rudy - rynek i wejście do parku, pocztówka wysłana w 1900 r., wydawca nieznany • Rauden, eine 1900 abgeschickte Ansichtskarte, Verleger ist unbekannt

Rudy - Palais, pocztówka wysłana w 1904 r., wydawca Carl Matzek, Rauden • Rauden - Palais, eine 1904 abgeschickte Ansichtskarte, Verleger: Carl Matzek, Rauden

Rudy - ryneczek i Langenburger Hof, pocztówka wysłana w 1901 r., wydawca R. Schönwolff, Gleiwitz • Rauden - Ring und „Langenburger Hof", eine 1901 abgeschickte Ansichtskarte, Verleger: R. Schönwolff, Gleiwitz

Rudy - pocztówka wieloobrazkowa prezentująca najciekawsze miejsca, czyli pałac i kościół oraz hotel Schonerta z ogrodem, na zlecenie którego pocztówka została wydana przez Alfreda Kalke z Bytomia (Beuthen), ta wysłana w 1929 r. • Rauden - eine mehrteilige Absichtskarte, welche die interessantesten Plätze: das Schloss und die Kirche sowie Schonert's Hotel und den Garten darstellt, in dessen Auftrag sie von Alfred Kalke aus Bytom (Beuthen) herausgegeben wurde. Diese wurde 1929 abgeschickt

Rudy - hotel Schonerta i jego atrakcje, pocztówka wysłana w 1937 r., wydawca Schonert's Hotel • Rauden - Schonert's Hotel und seine Attraktionen, eine 1937 abgeschickte Ansichtskarte, Verleger: Schonert's Hotel

Rudy - uroczysko Buk, miejsce wypoczynku okolicznej ludności, w tym mieszkańców Raciborza, Gliwic czy Rybnika, pocztówka z obiegu, data nieczytelna, wydawca Karl Kostorz, Rauden-Buck O.S. • Rauden - der Waldpark Buk, ein Erholungsort für die in der Umgebung wohnenden Bevölkerung, u. a. für die Einwohner der Städte Ratibor, Gleiwitz oder Rybnik, eine Ansichtskarte aus dem Umlauf, unleserliches Datum, Verleger: Karl Kostorz, Rauden-Buck O.S.

Rudy - uroczysko Buk, pocztówka bez obiegu, wydawca Tachochrom • Rauden - Waldpark Buk, eine Postkarte nicht versandt, Verleger: Tachochrom

Rudy - domek Agathenhütte w Buku, pocztówka bez obiegu, wydawca R. Walla, Cosel • Rauden - Agathenhütte im Waldpark Buk, eine Ansichtskarte nicht versandt, Verleger: R. Walla, Cosel

Rudy - Agathenhütte w Buku, pocztówka wysłana w 1918 r., wydawca Ludwig Chrobog, Rauden • Rauden - Agathenhütte im Waldpark Buk, eine 1918 abgeschickte Ansichtskarte, Verleger: Ludwig Chrobog, Rauden

Rudy - Agathenhütte, pocztówka bez obiegu, wydawca Ludwig Chrobog, Rauden • Rauden - Agathenhütte im Waldpark Buk, eine Postkarte nicht versandt, Verleger: Ludwig Chrobog, Rauden

Rudy - domek Agathenhütte w Buku, pocztówka bez obiegu, wydawca V. Diwisch, Steinheim/Main • Rauden - Agathenhütte im Waldpark Buk, eine Ansichtskarte nicht versandt, Verleger: V. Diwisch, Steinheim/Main

Rudy Brantolka - pocztówka wysłana w 1902 r., wydawca C. Schröter, Breslau • Rauden - Brantolka, eine 1902 abgeschickte Ansichtskarte, Verleger: C. Schröter, Breslau

Rudy - domek myśliwski Przy Moście, zdjęcie wykonane z okazji wizyty cesarza, monarcha stoi na werandzie pierwszy od prawej, pocztówka wysłana w 1910 r., wydawca C. Matzek, Rauden • Rauden - Jagdhaus „Przy Moście" (an der Brücke), das Foto wurde anläßlich des Kaiserbesuchs gemacht. Der Monarch steht auf der Veranda rechts, eine 1910 abgeschickte Ansichtskarte, Verleger: C. Matzek, Rauden

Rudy - obóz hufca pracy R.A.D.A., pocztówka wysłana w 1936 r., wydawca H. Malaika, Reigersfeld O.S. • Rauden - Lager des Reichsarbeitsdienstes, eine 1936 abgeschickte Ansichtskarte, Verleger: H. Malaika, Reigersfeld O.S.

Turze - przeprawa odrzańska, młyn, sklep Antona Wiedera oraz pomnik poległych w I wojnie światowej mieszkańców tej miejscowości, pocztówka wysłana w 1940 r., wydawca R. Dombeck, Oberleschen • Thurze/Wellendorf, eine 1940 abgeschickte Ansichtskarte, Verleger: R. Dombeck, Oberleschen

KRZYŻANOWICE – KREUZENORT

Bieńkowice - kościół, na pierwszy planie rzeka Psina, pocztówka wysłana w 1936 r., wydawca Photo-Leifer, Ratibor • Benkowitz/Berendorf - die Kirche, im Vordergrund die Psinna, eine 1936 abgeschickte Ansichtskarte, Verleger: Photo-Leifer, Ratibor

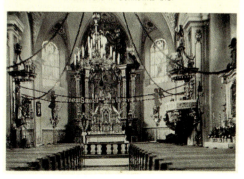

Bieńkowice - widok kościoła z zewnątrz i na prezbiterium, pocztówka bez obiegu, wydawca Walther Lahsotta, Gleiwitz • Benkowitz/Berendorf - Ansicht der Kirche und des Hauptschiffs, Ansichtskarte nicht versandt, Verleger: Walther Lahsotta, Gleiwitz

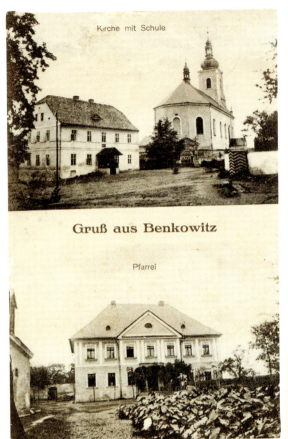

Bieńkowice - kościół i fara, pocztówka wysłana w 1914 r., wydawca nieznany • Benkowitz/Berendorf, eine 1914 abgeschickte Ansichtskarte, Verleger ist unbekannt

Tworków - pałac, pocztówka wysłana w 1923 r. do grafa Aloisa Schaffgotscha przez hrabiego Sauermę, brak sygnatury wydawcy • Tworkau/Tunskirch - eine 1923 vom Grafen Sauerma an Alois Graf von Schaffgotsch gesandte Postkarte, ohne Herausgeber

Tworków - pałac, pocztówka bez obiegu, wydawca nieznany • Tworkau/Tunskirch - Schloss, eine Ansichtskarte nicht versandt, Verleger ist unbekannte

Tworków - pałac, pocztówka wysłana w 1933 r., wydawca Guido Betensted & Winter, Breslau • Tworkau/Tunskirch, eine 1933 abgeschickte Ansichtskarte, Verleger: Guido Betensted & Winter, Breslau

Tworków - pałac, zajazd Siegetha, domy towarowe Staniczka, Sersisko, Geisnera, pocztówka wysłana w 1933 r., wydawca R. Walla, Gross Stein • Tworkau/Tunskirch, eine 1933 abgeschickte Ansichtskarte, Verleger: R. Walla, Gross Stein

Tworków - pocztówka przedstawiająca m.in. kościół i pałac po pożarze, wysłana w 1943 r., wydawca Gustav Bartles, Gross Biesnitz • Tworkau/Tunskirch, eine Ansichtskarte, die u. a. die Kirche und das Schloss nach dem Brand darstellt, eine 1943 abgeschickte Ansichtskarte, Verleger: Gustav Bartles, Gross Biesnitz

Tworków - zakład fryzjerski Paula Kiowskiego, pocztówka wysłana w 1914 r., wydawca nieznany
• Tworkau/Tunskirch, eine 1914 abgeschickte Ansichtskarte, Verleger ist unbekannt

Tworków - kościół, pałac i dom towarowy, pocztówka wysłana w 1903 r., wydawca Schaar & Dathe, Trier • Tworkau/Tunskirch, eine 1903 abgeschickte Ansichtskarte, Verleger: Schaar & Dathe, Trier

Kath. Kirche

Gruß aus BOLESLAU Krs. Ratibor O.S.

Pfarrei

Bolesław - kościół i fara, pocztówka bez obiegu, wydawca E. Burgfels, Beuthen • Boleslau/ Bunzelberg, eine Postkarte nicht versandt, Verleger: E. Burgfels, Beuthen

Owsiszcze - kościół, szkoła, zajazd Borzigurskiego i sklep Lindenthala, pocztówka wysłana w 1929 r., wydawca E. Burgfels, Beuthen • Owschütz/Habergrund, eine 1929 abgeschickte Ansichtskarte, Verleger: E. Burgfels, Beuthen

Owsiszcze, stacja Krzyżanowice - pocztówka wysłana w 1918 r., wydawca Germania, Görlitz • Owschütz/Habergrund, eine 1918 abgeschickte Ansichtskarte, Verleger: Germania, Görlitz

Krzyżanowice - dość mocno zniszczona czteropolówka m.in. z widokiem pałacu i kościoła, pocztówka bez obiegu, wydawca Gustav Bartels, Gross Biesnitz, na zlecenie miejscowego kupca A. Riemela • Kreuzenort - eine beschädigte Postkarte mit mehreren Ansichten u. a. mit der Ansicht des Schlosses und der Kirche, Verleger: Gustav Bartels, Gross Biesnitz, im Auftrag des Kaufmanns A. Riemel

Krzyżanowice - pałac, kościół, stacja kolejowa i sklep Alfreda Zylli, pocztówka wysłana w 1939 r., wydawca Walter Lashotta, Gleiwitz • Kreuzenort, eine 1939 abgeschickte Ansichtskarte, Verleger: Walter Lashotta, Gleiwitz

Krzyżanowice - pałac, kościół, stacja kolejowa i zajazd Mösera, pocztówka bez obiegu, wydawca nieznany • Kreuzenort, eine Postkarte nicht versandt, Verleger ist unbekannt

Krzyżanowice - pałac, pocztówka wysłana w 1908 r., brak sygnatury wydawcy • Kreuzenort, eine 1929 abgeschickte Ansichtskarte, Verleger ist unbekannt

Krzyżanowice - pocztówka wydana z okazji ufundowania przez księcia Lichnowskiego sztandaru dla miejscowego towarzystwa wojennego, pocztówka wysłana w 1911 r., wydawca nieznany • Kreuzenort - eine Ansichtskarte, die zum Anlass der Weihe der vom Fürsten von Lichnowsky für den örtlichen Kriegerverein gestifteten Fahne herausgegeben wurde, eine 1911 abgeschickte Ansichtskarte, Verleger unbekannt

Roszków - unikalna pocztówka prezentująca kościół, posterunek celny, sklep Halfar'a oraz pomnik wojenny, wydawca R. Walla, Gross Stein • Roschkau, eine einzigartige Ansichtskarte, Verleger: R. Walla, Gross Stein

Rudyszwałd - kościół, szkoła, urząd celny oraz dom towarowy Balgar'sa, pocztówka wysłana we wrześniu 1939 r., wydawca Walter Lahsotta, Glewitz • Ruderswald, eine im September 1939 abgeschickte Ansichtskarte, Verleger: Walter Lahsotta, Glewitz

Zabełków, tu błędnie jako Zabelkan - pocztówka przedstawia kościół i zajazd Ritzki, pocztówka wysłana w 1934 r., wydawca Alfred Kalke, Beuthen • Zabelkau/Schurgersdorf, hier fehlerhaft als Zabelkan, eine 1934 abgeschickte Ansichtskarte, Verleger: Alfred Kalke, Beuthen

Chałupki - pozdrowienia piwosza oraz zdjęcie dworca kolejowego, pocztówka wysłana w 1913 r., wydawca Paul Gollasch, Annaberg • Annaberg - Gruss von einem Biertrinker und ein Foto des Bahnhofs, eine 1913 abgeschickte Ansichtskarte, Verleger: Paul Gollasch, Annaberg

Chałupki - pomnik wojenny, pałac, szkoła, osiedle oraz dom handlowy Ritzki, pocztówka wysłana w 1938 r., wydawca Walter Lahsotta, Glewitz • Annaberg, eine 1938 abgeschickte Ansichtskarte, Verleger: Walter Lahsotta, Glewitz

Chałupki - pocztówka prezentująca dworzec kolejowy i oddział żołnierzy, zapewne miejscowych rekrutów, wysłana w 1915 r., wydawca Paul Gollasch, Annaberg • Annaberg, eine Ansichtkarte, die den Bahnhof und eine Soldatentruppe, gewiss der ansässigen Rekruten darstellt, 1915 abgeschickt, Verleger: Paul Gollasch, Annaberg

Chałupki - most na Odrze, pałac, zajazd Bergera pocztówka wysłana w 1917 r., wydawca F. Berger, Annaberg • Annaberg, eine 1917 abgeschickte Ansichtskarte, Verleger: F. Berger, Annaberg

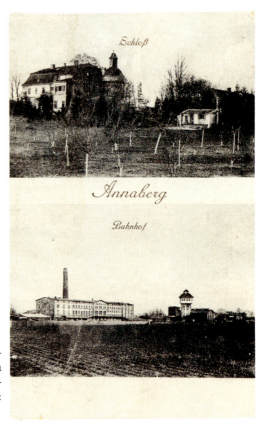

Chałupki - pałac i dworzec kolejowy, pocztówka z obiegu, data nieczytelna, wydawca J. Ritzka, Annaberg • Annaberg, eine Postkarte mit unleserlichem Datum, Verleger: J. Ritzka, Annaberg

Chałupki - pałac, most na Odrze i zajazd Grünbergera, pocztówka wysłana w 1900 r., wydawca Stengel & Co, Dresden • Annaberg, eine 1900 abgeschickte Ansichtskarte, Verleger: Stengel & Co, Dresden

Chałupki - pałac, przeprawa odrzańska do Austro-Węgier oraz zajazd Grünbergera, pocztówka wysłana w 1899 r., krótko przez wybudowaniem mostu cesarza Franciszka Józefa, wydawca nieznany • Annaberg - das Schloss, der Überfuhr nach Österreichisch Oderberg und Grünberger's Gasthaus, eine 1899 abgeschickte Ansichtskarte, kurz vor dem Bau der Kaiser Franz Josef Jubiläums-Brücke, Verleger unbekannt

Chałupki-Szylerzowice (Schillersdorf) - szylerzowicki pałac oraz zajazd Hartmanna w Chałupkach, pocztówka bez obiegu, wydawca nieznany • Annaberg- Schillersdorf, eine Ansichtskarte nicht versandt, Verleger ist unbekannte

Chałupki - most na Odrze i zajazd Fritza Königa, pocztówka wysłana w 1911 r., wydawca J. Lukowski, Beuthen • Annaberg, eine 1911 abgeschickte Ansichtskarte, Verleger: J. Lukowski, Beuthen

Chałupki - pałac, urząd celny i most, pocztówka bez obiegu, wydawca Feitzinger, Teschen
• Annaberg, eine Postkarte nicht versandt, Verleger: Feitzinger, Teschen

Chałupki - piękna pocztówka prezentująca zajazd Hartmanna, zdobiona motywami wojskowymi, wysłana w 1918 r., wydawca Franz Riegner, Oberstephansdorf • Annaberg, eine schöne mit Militärmotiven verzierte Ansichtskarte, die das Hartmann'sche Gasthaus darstellt, 1918 abgeschickt, Vreleger: Franz Riegner, Oberstephansdorf

Chałupki - pałac, pocztówka z obiegu, data nieczytelna, wydawca Faitzinger, Teschen • Annaberg - das Schloss, ein Ansichtskarte mit unleserlichem Datum, Verleger: Faitzinger, Teschen

Chałupki - most jubileuszowy cesarza Franciszka Józefa, pocztówka bez obiegu, wydawca nieznany • Annaberg, Ansichtskarte eines unbekannten Verlegers

Most graniczny w Chałupkach, pocztówka wydana po zajęciu Bogumina przez Polaków, pocztówka bez obiegu, podpis na awersie świadczy, iż zdjęcie wykonano w czerwcu 1939 r.
• Grenzbrücke in Annaberg, ein Foto, dass nach der Besetzung von Oderberg durch die Polen gemacht wurde, eine Postkarte nicht versandt, die Unterschrift auf der Vorderseite weist darauf hin, dass das Foto im Juni 1939 gemacht wurde

Graniczący z Chałupkami czeski Bogumin, na jednym ze zdjęć most jubileuszowy cesarza Franciszka Józefa, pocztówka bez obiegu, wydawca B.K., Sch. W.L. • Die an Annaberg grenzende tschechische Stadt Bohumin (Oderberg), auf einer der Fotos die Kaiser Franz Josef Jubiläums-Brücke, ein Postkarte verlegt von B.K., Sch. W.L.

KRZANOWICE – KRANOWITZ

Wydany przed wojną okolicznościowy znaczek z herbem Krzanowic • Vor dem Krieg herausgegebene Sondermarke mit dem Kranowitzwappen

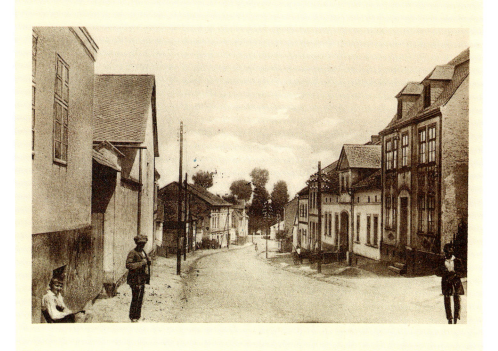

Krzanowice, pocztówka wysłana w 1939 r., wydawca Kurt Questz, Zülchow West (Pom.)
• Kranowitz/Kranstädt, eine 1939 abgeschickte Ansichtskarte, Verleger: Kurt Questz, Zülchow West (Pom.)

Unikalne zdjęcia Krzanowic wykonane przez ks. Franciszka Pawlara, zachowane w zbiorach po nim będących w dyspozycji krewnego, Franciszka Korczoka. Ks. Pawlar został proboszczem krzanowickim w 1946 r. Pełnił tę godność do 1980 r. Był badaczem historii regionu i dokumentalistą, podejmował własne badania archeologiczne, kolekcjonował książki. Prezentowane zdjęcia, nie wiadomo dokładnie kiedy wykonane, aczkolwiek nie później jak w latach 60., są cennym materiałem archiwalnym. Wiele prezentowanych miejsc zmieniło swój wygląd. Kostka brukowa ulic została pokryta asfaltem. Nie ma już murowanego ogrodzenia wokół „Mikołaszka" – Die einmaligen Fotos von Kranowitz/Kranstädt, von Franz Pawlar, stammen aus seinen Sammlungen, die jetzt von seinem Verwandten, Franz Korczok, verwahrt werden. Franz Pawlar wurde 1946 als Kranowitzer Pfarrer berufen. Der Lokalhistoriker und Bibliophil führte auch eigene archäologische Ausgrabungen durch. Die Fotos, heute wertvolle Archivalien, wurden in den 60-er Jahren gemacht. Vieles sieht heute anders aus. Die "Katzenköpfe" erhielten eine Asphaltdecke. Auch der Kirchhof der Nikolauskirche, im Volksmund "Mikołaschek" genannt, hat keine gemauerte Umfriedung mehr.

Bojanów - stary kościół, wybudowany przed 1818 r., zastąpiony przez obecny, konsekrowany w 1928 r., pocztówka bez obiegu, wydawca Franz Riegner, Oberstephansdorf • Bojanow/Kriegsbach - diese vor 1818 erbaute Kirche musste der heutigen weichen, die 1926 eingeweiht worden ist, die Postkarte wurde verlegt von Franz Riegner, Oberstephansdorf

Bojanów - pocztówka wysłana w 1931 r., wydawca Kurt Queetz, Züllchow-West • Bojanow/Kriegsbach, eine 1931 abgeschickte Ansichtskarte, Verleger: Kurt Queetz, Züllchow-West

Borucin - kościół parafialny, pocztówka bez obiegu, wydawca Franz Riegner, Oberstephansdorf
• Borutin/Streitkirch - die nicht versandte Ansichtskarte wurde von Franz Rieger, Oberstephansdorf, verlegt

Borucin - zajaz Karpischa oraz szkoła, pocztówka bez obiegu, wydawca R. Walla, Gr. Stein • Borutin/Streitkirch, eine von R. Walla, Gr.-Stein, herausgegebene Postkarte

Borucin - kościół, szkoła, sklep Kruppy oraz pomnik wojenny, pocztówka bez obiegu, wydawca Felix Sobotta, Breslau • Borutin/Streitkirch, eine Postkarte nicht versandt, Verleger: Felix Sobotta, Breslau

Borucin - kościół, szkoła, pomnik wojenny, sklep Machury oraz zarząd majątku, pocztówka bez obiegu, wydawca G. Buchta, Oppeln • Borutin/Streitkirch, eine Ansichtskarte nicht versandt, Verleger: G. Buchta, Oppeln

PIETROWICE WIELKIE – GROSS-PETERWITZ

Pietrowice Wielkie - panorama wsi, kościół i szkoła, pocztówka wysłana w 1906 r., wydawca Reinhard Meyer, Ratibor • Gross-Peterwitz, eine 1906 abgeschickte Ansichtskarte verlegt von Reinhard Meyer, Ratibor

Pietrowice Wielkie - kościół, cukrownia, szkoła i dworzec, pocztówka wysłana w 1914 r., wydawca Gustav Vogt, Ob. Stephansdorf • Gross-Peterwitz, eine 1914 abgeschickte Ansichtskarte, Verleger: Gustav Vogt, Ob. Stephansdorf

Pietrowice Wielkie - kościół Św. Krzyża i źródełko, pocztówka bez obiegu, wydawca V. Emrich, Katscher • Gross-Peterwitz, Ansichtskarte nicht versandt, Verleger: V. Emrich, Katscher

Pietrowice Wielkie - poczta, pocztówka wysłana w 1936 r., wydawca Rudolf Mutke, Gross Peterwitz • Gross-Peterwitz, eine 1936 abgeschickte Ansichtskarte, Verleger: Rudolf Mutke, Gross Peterwitz

Pietrowice Wielkie - stacja kolejowa, słodownia, zajazd Wankego i pomnik wojenny, pocztówka wysłana w 1944 r., wydawca Felix Sobotta, Breslau • Gross-Peterwitz, eine 1944 abgeschickte Ansichtskarte, Verleger: Felix Sobotta, Breslau

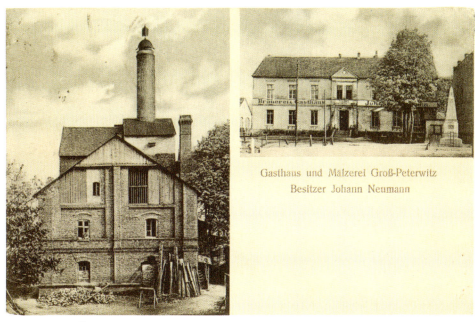

Pietrowice Wielkie - zajazd i słodownia Johanna Neumanna, pocztówka wysłana w 1927 r., wydawca Photo-Lelfer, Ratibor • Gross-Peterwitz, eine 1927 abgeschickte Ansichtskarte, Verleger: Photo-Lelfer, Ratibor

Pietrowice Wielkie - kościół, zajazd, słodownia, pocztówka wysłana w 1898 r., wydawca nieznany
• Gross-Peterwitz, eine 1898 abgeschickte Ansichtskarte, Verleger ist unbekannte

Pietrowice Wielkie - poczta, dworzec i fabryka cukru, pocztówka wysłana w 1915 r., wydawca R. Blaschke, Berlin-Neuköln • Gross-Peterwitz, eine 1915 abgeschickte Ansichtskarte, Verleger: R. Blaschke, Berlin-Neuköln

Pietrowice Wielkie - droga z Raciborza, pocztówka z obiegu, data nieczytelna, wydawca R. Walla, Gr. Stein • Gross-Peterwitz - die Ratiborer Straße, eine Postkarte aus dem Umlauf, unleserliches Datum, Verleger: R. Walla, Gr. Stein

Cyprzanów - kościół, młyn, zagroda, pocztówka wysłana w 1939 r., wydawca G. Buchta, Oppeln • Janowitz/Janken, eine 1939 abgeschickte Ansichtskarte, Verleger: G. Buchta, Oppeln

Cyprzanów - kościół i restauracja Krasska, pocztówka bez obiegu, wydawca Photo-Lelfer, Ratibor
• Janowitz/Janken, eine Postkarte verlegt von Photo-Lelfer, Ratibor

Pawłów - kościół, stara i nowa szkoła oraz sklep Meinuscha, pocztówka wysłana w 1937 roku, wydawca K. Kischka Braseowitz Kr. Cosel • Pawlau/Paulsgrund, eine 1937 abgeschickte Ansichtskarte, Verleger: K. Kischka Braseowitz Kr. Cosel

Pawłów - kościół, pocztówka bez obiegu, wydawca A. Jüttner, Ratibor • Pawlau/Paulsgrund, eine Postkarte verlegt von A. Jüttner, Ratibor

Samborowice - kościół, pałac, szkoła, pomnik wojenny, reprodukcja z oryginału • Schammerwitz/Schammerau, eine Reproduktion vom Original

Krowiarki - pałac, pocztówka z obiegu, data nieczytelna, wydawca A. Jüttner, Ratibor • Preuß. Krawarn, eine Postkarte verlegt von A. Jüttner, Ratibor

Krowiarki - pałac, pocztówka wysłana w 1908 r., wydawca nieznany • Preuß. Krawarn, eine 1908 abgeschickte Ansichtskarte, Verleger ist unbekannte

Krowiarki - pałac, pocztówka wysłana w 1925 r., wydawca F. Burgfels, Beuthen • Preuß. Krawarn, eine 1925 abgeschickte Ansichtskarte, Verleger: F. Burgfels, Beuthen

NĘDZA – BUCHENAU

Nędza - dworzec, pocztówka wysłana w 1917 r., wydawca Paul Pawellek, Nensa • Buchenau, eine 1917 abgeschickte Ansichtskarte, Verleger: Paul Pawellek, Nensa

Nędza - dworzec, zajazd Motznego, sklep Foitzika, Zollburg, pocztówka z obiegu, data nieczytelna, wydawca G. Buchta, Oppeln • Buchenau, eine Postkarte mit unleserlichem Datum, Verleger: G. Buchta, Oppeln

Nędza - kościół, sklep Tschoepego, klasztor oraz powiatowa szkoła faszystowska, pocztówka z obiegu, data nieczytelna, wydawca R. Dombeck, Friedeberg • Buchenau, eine Ansichtskarte mit unleserlichem Datum, Verleger: R. Dombeck, Friedeberg

Nędza - kościół, dworzec i szkoła, pocztówka z obiegu, data nieczytelna (1922?), wydawca G. Vogt, Oberstephansdorf • Buchenau, eine Ansichtskarte mit unleserlichem Datum (1922?), Verleger: G. Vogt, Oberstephansdorf

Szymocice - pocztówka wysłana w 1922 r., wydawca nieznany • Schymotschütz/Simsforst, eine 1922 abgeschickte Ansichtskarte, Verleger ist unbekannte

Zawada Książęca - stary kościół drewniany, przeniesiony tu w XIX w. z Ostroga, spalony w 1992, pocztówka wysłana w 1938 r., wydawca Carl Ludwig, Neisse • Zawada Herzoglich/Rainfelde - alte Holzkirche, im 19. Jh. aus Ostrog verlegt und 1992 abgebrannt, eine 1938 abgeschickte Ansichtskarte, Verleger: Carl Ludwig, Neisse

RUDNIK – RUDNIK

Rudnik - kościół i pałac, pocztówka wysłana w 1913 r., wydawca C. Kotscha, Ratibor • Rudnik/Herrenkirch, eine 1913 abgeschickte Ansichtskarte, Verleger: C. Kotscha, Ratibor

Łubowice - pałac i pomnik Eichendorffa z Raciborza, pocztówka wysłana w 1928 r., wydawca F. Burgfels Beuthen • Lubowitz - Schloss und Eichendorffdenkmal in Ratibor, eine 1939 abgeschickte Ansichtskarte, Verleger: F. Burgfels Beuthen

Łubowice - zajazd „Eichendorff", pałac, młyn, ogród i aleja, pocztówka bez obiegu, wydawca Kurt Queetz, Züllchow, Stettin • Lubowitz, eine Ansichtskarte nicht versandt, Verleger: Kurt Queetz, Züllchow, Stettin

Łubowice - pałac, pocztówka wysłana w 1939 r., wydawca R. Walla, Cosel O.S. • Lubowitz, eine 1939 abgeschickte Ansichtskarte, Verleger: R. Walla, Cosel O.S.

Czerwięcice - pałac, pocztówka bez obiegu, wydawca Berliner Illustrations - Gesellschaft m.b.H. • Czerwentzütz/Rotental - Schloss, eine Ansichtskarte nicht versandt, Verleger: Berliner Illustrations - Gesellschaft m.b.H.

Czerwięcice - pałac, pocztówka wysłana w 1907 r., wydawca Adolf Rölle, Leobschütz • Czerwentzütz/Rotental, eine 1907 abgeschickte Ansichtskarte, Verleger: Adolf Rölle, Leobschütz

Szonowice - pałac, pocztówka bez obiegu, wydawca nieznany • Schonowitz/Schondorf, Ansichtskarte eines unbekannten Verlegers

Szonowice - kaplica, zajazd Hübnera, poczta, pocztówka wysłana w 1903 r., wydawca nieznany
• Schonowitz/Schondorf, eine 1903 abgeschickte Ansichtskarte, Verleger ist unbekannt

Sławików - kościół, fara, zamek i sklep Torki, pocztówka wysłana w 1921 r., wydawca Franz Riegner Oberstephandorf Bez. Breslau • Slawikau/Bergkirch, eine 1921 abgeschickte Ansichtskarte, Verleger: Franz Riegner Oberstephandorf Bez. Breslau

Grzegorzowice - kaplica, sklep Gansa, fragment wsi, most do Ciechowic, pocztówka wysłana w 1939 r., wydawca G. Buchta, Oppeln • Gregorsdorf, eine 1939 abgeschickte Ansichtskarte, Verleger: G. Buchta, Oppeln

Gamów - kościół, sklep Malcharczika, szkoła i zajazd Pendziallka, pocztówka bez obiegu, wydawca R. Walla, Cosel O.S. • Gammau, eine Ansichtskarte verlegt von R. Walla, Cosel O.S.

FOTOGRAFIA RZEMIEŚLNICZA

Wydana w 1932 r. przez Reinharda Meyera książka adresowa Raciborza i okolic (*Adressbuch der Stadt Ratibor mit umliegenden Orten*) wzmiankuje aż dwanaście zakładów fotograficznych, w których mieszkańcy całego powiatu zlecali wykonywanie zdjęć rodzinnych i okolicznościowych. W przedwojennej historii Raciborza zakładów tych było znacznie więcej. Jedne upadały, inne powstawały na ich miejsce.

Fotografia była rzemiosłem, choć z elementami artyzmu. Najsłynniejsze było atelier nowoczesnej fotografii Josepha Axmanna (*Atelier für moderne Photographie Joseph Axmann*), które znajdowało się przy pl. Mostowym (Probsteiplatz), potem przy pl. Dominikańskim. W 1904 r. jego zdjęcia zostały nagrodzone złotym medalem na wystawie zimowo-bożonarodzeniowej we Wiedniu. Axmann naklejał je na specjalne tekturki, produkowane u Wittmanna w Dreźnie, sygnowane z dołu znakiem firmowym atelier, co w ostatecznej wersji czyniło z produktów małe dzieła sztuki, dziś chętnie kolekcjonowane. Podobnie czynili inni, niemniej znani raciborscy fotografowie: August Jüttner z ul. Dworcowej, Karl Kotscha z ul. Górnych Wałów (Oberwallstr. obecnie Podwale) potem Nowomiejskiej (Nuestadtstr.), czy Max Kiehl również z ul. Nowomiejskiej. Renomą cieszyło się także atelier Photo-Helios przy ul. Długiej.

Zdjęcia były dobrami luksusowymi. Wykonywało się je w ważnych chwilach życia - z okazji chrzcin, komunii świętej, ukończenia szkoły, służby wojskowej czy ślubu. Zwyczajem było wykonywanie co kilka lat rodzinnych portretów. Dzięki temu zachowane do dziś egzemplarze pokazują piękne mieszczańskie i ludowe stroje mieszkańców powiatu oraz galowe mundury różnych formacji niemieckiej armii.

Wszystkie prezentowane w tym albumie fotografie z pierwszej połowy XX wieku prezentują mieszkańców ziemi raciborskiej i zostały wykonane przez raciborskie zakłady fotograficzne. Wśród nich znajdują się reprodukcje kartek sentymentalnych, jakie mieszkanki ziemi raciborskiej wysyłały swoim mężom i narzeczonym - żołnierzom Jego Cesarskiej Mości.

DAS FOTOGRAFISCHE HANDWERK

Das 1932 von Reinhard Meyer herausgegebene „Adressbuch der Stadt Ratibor mit umliegenden Orten" erwähnt zwölf Fotoateliers, in denen die Bewohner des ganzen Kreises die Ausführung der Familien- und Gelegenheitsfotos bestellten. In der Vorkriegszeit gab es in Ratibor wesentlich mehr Fotoateliers. Einige gingen in Konkurs und neue wurden gegründet.

Die Photographie war ein Kunsthandwerk. Als bekannteste galt das „Atelier moderne Photographie Joseph Axmann", das sich am Probsteiplatz und dann am Dominikanerplatz befand. 1904 wurden seine Fotos mit

einer Goldmedaille auf der Weihnachts-Winterausstellung in Wien ausgezeichnet. Axmann klebte sie auf die speziellen Pappen, die bei Wittmann in Dresden, mit dem Firmenzeichen des Ateliers signiert, hergestellt wurden, was schließlich die Fotos zu kleinen Kunstwerken machte. Sie werden auch noch heute gern gesammelt. So ähnlich machten es die anderen, nicht weniger bekannten Ratiborer Photographen wie: August Jüttner von der Niederwallstr., später in der Neustadtstr., oder Max Kiehl - ebenfalls auf der Neustadtstr. Einen guten Ruf hatte auch das Atelier Photo - Helios an der Langestr.

Die Fotos waren teuer. Man machte sie in wichtigen Momenten des Lebens - anläßlich der Taufe, Heiligen Kommunion, des Schulabschlusses, des Militärdienstes oder der Hochzeit. Dank dessen zeigen die bis heute erhaltenen Exemplare schöne Bürger- und Volkstrachten der Einwohner des Kreises und Galauniformen der verschiedenen Truppenteile des deutschen Militärs.

Alle in diesem Album dargestellten Photographien aus der ersten Hälfte des 20 Jahrhunderts zeigen Menschen des Ratiborer Landes und wurden in Ratiborer Fotoateliers gemacht. Darunter Reproduktionen sentimentaler Fotos welche von den Ratiborer Frauen und Mädchen an ihre Gatten und Verlobten - Soldaten Seiner Kaiserlichen Majestät geschickt wurden.

Amateur-Portrait.

Zur Erinnerung an Schiessplatz Thorn! 1898.

Krzikalla, Kostrzewa,
Bozek, Drobny, Kuballa, Bozek,
3. Comp. Fuß. Art. Reg. v. Dieskau Schl. P. 6.

Drukowane pieczęcie raciborskich instytucji i firm
• Klebesiegel Ratiborer Ämter und Firmen

SPIS TREŚCI

Wstęp – *Vorwort* 3

Racibórz – *Ratibor* 6

Kuźnia Raciborska – *Ratiborhammer* 14

Krzyżanowice – *Kreuzenort* 41

Krzanowice – *Kranowitz* 60

Pietrowice Wielkie – *Gross-Peterwitz* 75

Nędza – *Buchenau* 83

Rudnik – *Rudnik* 86

Fotografia rzemieślnicza – *Das fotografische Handwerk* 91